I

EXTRAICT TIRE' DES REGISTRES DV GREFFE
des Eſtats de Bretagne , où ſont contenus les noms, di-
gnitez, & rangs de Meſſieurs les Commiſſaires du Roy,
aux Eſtats de ladite Province.

Du dix-huitiéme Octobre 1593. à Rennes.

ENVIRON les unze heures du matin de cedit jour , ſont venus en ladite aſſemblée Monſeigneur d'Aumont Ma-reſchal de France , Gouverneur de Dauphiné , & Lieute-nant General pour le Roy en ſon Armée de Bretagne.

Monſieur de Saint Luc Gouverneur & Lieutenant Gene-ral en Broüage & Iſles de Saint-Onge , & Lieutenant de ſadite Ma-jeſté, au Gouvernement de Bretagne.

Eſtant aſſis en chacun ſa chaire ſous le Dais ſur une platte-forme un peu eſlevée , ſçavoir , ledit Seigneur Mareſchal au hault & droit coſté , & ledit ſieur de Saint Luc un peu plus bas , & quaſi à coſté dudit Seigneur Mareſchal.

Monſieur de Montbarot , Lieutenant pour le Roy és Ville & Eveſché de Rennes , auſſi aſſis en une chaire hors de deſſous le dais, & de ladite platte-forme , au coſté dudit ſieur de Saint Luc.

Et au coſté droit dudit Seigneur Mareſchal ſe ſont aſſis , ſçavoir , Meſſire Iean Roger , Preſident ſieur de Mauvon , en une chaire pour ce preparée , & Meſſire François Harpin , ſieur de Marigné , auſſi Preſident en la Cour de Parlement.

Maiſtre Iean Avril ſieur de la Grée , Maiſtre des Requeſtes or-dinaire de l'Hoſtel , & premier Preſident en la Chambre des Comp-tes.

Du vingt-troiſiéme jour de Ianvier 1595. à Rennes.

ENviron les vnze heures du matin dudit jour, ſont entrez en la-dite aſſemblée , Meſſieurs les Commiſſaires du Roy cy-aprés nommez , ſçavoir,

Meſſire François Deſpinay ſieur de Saint Luc , Chevalier des deux Ordres du Roy , Gouvernenr de Broüage , & Iſles de Saint-Onge, & Lieutenant General de ſa Majeſté , au Gouvernement de Breta-gne.

Meſſire René Maret , ſieur de Montbarot , Lieutenant pour le Roy , és Ville & Eveſché de Rennes.

Meſſire Iean Roger ſieur de Mauvon ⎰Second & Tiers, Preſident
Meſſire François Harpin ſieur de Mari-⎱de la Cour de Parlement.
gné.

A

Du vingtiéme Novembre 1595. à Rennes.

ENviron les vnze heures du matin, duquel jour font entrez en ladite affemblée, fçavoir Monfieur de Saint Luc, Chevalier des deux Ordres du Roy, Capitaine de cinquante hommes d'armes de fes Ordonnances, Gouverneur de Broüage & Ifles de Saint-Onge, & Lieutenant General de fa Majefté au Gouvernement de Bretagne, qui s'eft fis fous un Dais, en une chaire pour ce preparée fur une platte-forme élevée d'environ demy pied du Theatre ou fient lefdits Eftats

Et au cofté gauche dudit fieur, hors ladite platte-forme & Dais s'eft fis Monfieur de Montbarot, Chevalier de l'Ordre du Roy, Capitaine de cinquante hommes d'armes de fes Ordonnances, & Lieutenant de fa Majefté, és Ville & Evefché de Rennes.

Maiftre Claude de Faucon, Chevalier fieur de Rys, Confeiller du Roy en fon Confeil Privé & d'Eftat, & premier Prefident de fa Cour de Parlement de cedit pays, fis en une chaire au cofté droit de mondit fieur de Saint Luc hors ladite platte-forme & Dais.

Meffire Jean Roger, Chevalier fieur de Manau, auffi Confeiller du Roy en fon Confeil d'Eftat & Privé, & fecond Prefident en ladite Cour de Parlement.

Meffire François Harpin, Chevalier fieur de Marigné, auffi Confeiller du Roy en fon Confeil d'Eftat & Privé, & Tiers Prefident en ladite Cour de Parlement.

Maiftre Iean Avril fieur de la Grée, Confeiller du Roy, & Maiftre des Requeftes ordinaires de fon Hoftel, & premier Prefident des Comptes.

Du neufiéme Decembre 1598. à Rennes.

ENtre les vnze heures & midy de cedit jour, font entrez en ladite affemblée,

Monfeigneur le Marefchal de Briffac, Lieutenant General pour le Roy en fon armée, pays & Duché de Bretagne, affis en une chaire fur le petit Theatre, fous le Dais pour ce preparé.

Monfieur de Montbarot, Chevalier de l'Ordre du Roy, Capitaine de cinquante hommes d'armes de fes Ordonnances, & Lieutenant de fa Majefté en fes Ville & Evefché de Rennes, au cofté gauche dudit Seigneur Marefchal, affis en une chaire hors de ladite platte-forme & Dais.

Maiftre Jean Roger, Chevalier fieur de Manau, Confeiller du Roy en fes Confeils d'Eftat & Privé, & fecond Prefident en fa Cour de Parlement de cedit pays, fis en une chaire, au cofté droit de mondit Seigneur le Marefchal, hors ladite platte-forme & Dais.

Maiftre François Harpin, Chevalier fieur de Marigné, auffi Confeiller du Roy en fon Confeil d'Eftat & Privé, & Tiers Prefident en ladite Cour de Parlement.

Du douziéme Decembre 1597. à Rennes.

ET fur les vnze heures du matin dudit jour, feroient venus en l'af-femblée Meſſieurs les Commiſſaires du Roy pour la tenuë des preſens Eſtats , ſçavoir ;

Monſieur le Comte de Briſſac, Mareſchal de France , Lieutenant General pour le Roy en ſes pays & armées de Bretagne , aſſis en une chaire eſlevée ſur une petite platte-forme , ſous le poëſle y eſtant.

Et à coſté ſeneſtre, hors de deſſous ledit poeſle , & petite platte-forme, eſtoient , ſçavoir le prochain de mondit ſieur le Mareſchal , les ſieur Comte de Schombert, Conſeiller au Conſeil Privé du Roy, Gouverneur & Lieutenant General des Provinces de la Haute & baſſe Marche, & le ſieur de Montbarot , Capitaine & Gouverneur des Ville & Eveſché de Rennes , aſſis en deux chaires preparées pour cét effet.

Meſſire Iean Roger ſieur de Manau, Conſeiller du Roy en ſon Conſeil d'Eſtat, & ſecond Preſident en la Cour de Parlement de ce-dit Païs, aſsis en une chaire au coſté droit de mondit ſieur le Mareſ-chal, hors ladite plate-forme & dais.

Meſsire François Harpin, ſieur de Marigné , auſſi Conſeiller du Roy en ſondit Conſeil d'Eſtat, & Tiers Preſident en ladite Cour.

Du dix-huitiéme jour de May l'an 1598. à Rennes.

ENviron les unze heures du matin, ſont venus en ladite Aſſem-blée, Meſſieurs les Commiſſaires du Roy , Sçavoir ;

Monſieur le Comte de Briſſac, Mareſchal de France , & Lieute-nant General en ſon armée, & Gouvernement de Bretagne, aſſis en une chaire ſous le poëſle, ſur une plate-forme élevée ſur le Theatre en la maniere accouſtumée.

Monſieur de Montbarot, Lieutenant du Roy és Ville & Eveſché de Rennes, aſſis en une autre chaire hors de deſſous ledit dais & plate-forme , à coſté gauche de mondit ſieur le Mareſchal.

Et au coſté droit ſont Meſſieurs, Meſſire Jean Roger ſieur de Manau, Conſeiller du Roy en ſon Conſeil d'Eſtat , & ſecond Pre-ſident en ſa Cour de Parlement dudit Païs , aſſis en une chaire ayant l'aſpect vers mondit ſieur le Mareſchal, & ſur un banc joignant ladite chaire, ſe ſont aſſis Meſſire François Harpin, ſieur de Mari-gné auſſi Conſeiller de ſadite Majeſté en ſon Conſeil Privé, & Tiers Preſident audit Parlement : Meſsire Charles Turcan , Conſeiller & Maiſtre des Requeſtes ordinaire de l'Hoſtel du Roy.

Du Ieudy deuxiéme Decembre 1599. à Vannes.

ET environ les dix-heures du matin dudit jour, ſont entrez en ladite Aſſemblée

Monſieur le Comte de Briſſac, Mareſchal de France, Lieutenant General au Gouvernement de Bretagne.

Monſieur de Sourdeac, Lieutenant de Roy és Eveſchez de Treguyer, Leon & Cornoüaille.

Monſieur de Montbarot, Lieutenant de ſadite Majeſté és Ville & Eveſché de Rennes.

Meſſire François Harpin, ſieur de Marigné, Conſeiller du Roy en ſon Conſeil d'Eſtat, & Tiers Preſident au Parlement de Bretagne.

Meſſire Chriſtophe Fouquet, auſſi Conſeiller du Roy & Preſident audit Parlement.

Meſſire Charles Turquant, Conſeiller & Maiſtre des Requeſtes ordinaire de l'Hoſtel du Roy.

Maiſtre Gilles Maupiou, Conſeiller du Roy & Maiſtre ordinaire en ſa Chambre des Comptes, & Commiſſaire extraordinaire pour la direction de ſes Finances en Bretagne.

Du vingt-uniéme Novembre 1601. à Quimpercorentin.

ET ce fait environ les deux heures de l'aprés midy dudit jour, ſeroient entrez en ladite Aſſemblée

Monſeigneur le Comte de Briſſac, Mareſchal de France, Lieutenant General au Gouvernement de Bretagne, lequel a pris place en une chaire pour ce preparée ſur une petite plate-forme, élevée ſur le Theatre & ſous le dais.

Au coſté ſeneſtre duquel, s'eſt mis Monſieur de Montbarot, Lieutenant du Roy és Ville & Eveſché de Rennes, aſſis en une chaire hors ladite plate-forme & dais.

Et au coſté dextre dudit ſieur Comte, ſont aſſis ; Sçavoir, Meſſire Jean de Bourgneuf, ſieur de Cucé, Conſeiller du Roy en ſes Conſeils d'Eſtat & Privé, & premier Preſident de Bretagne, en une chaire ayant l'aſpect à vis de mondit ſieur le Lieutenant General.

Meſſire François Harpin, ſieur de Marigné, auſſi Conſeiller du Roy en ſes Conſeils d'Eſtat & Privé, & Tiers Preſident audit Parlement de Bretagne.

Meſſire Auffray de Leſcoüet, pareillement Conſeiller du Roy en ſeſdits Conſeils, & premier Preſident des Comptes audit Païs.

Du Ieudy dix-ſeptiéme Octobre 1602. à Saint Brieux.

ET ſur les unze heures du matin, ſont entrez en ladite Aſſemblée, Meſſieurs les Commiſſaires du Roy, Sçavoir ;

Monſeigneur le Comte de Briſſac, Mareſchal de France, Chevalier des Ordres du Roy, Lieutenant General au Gouvernement de ce Païs, lequel a pris place en une chaire ſous un dais, pour ſe preparée ſur une petite plate-forme élevée ſur le Theatre.

Et

Et à son costé seneftre Monfieur de Montbarot, Lieutenant du Roy és Ville & Evefché de Rennes, affis en une chaire hors ladite plate-forme & dais.

Et au costé dextre de mondit fieur le Marefchal Monfieur de Cucé, premier Prefident en la Cour de Parlement de ce Païs, fis en une chaire, ayant l'afpect à vis de mondit fieur le Marefchal.

Meffieurs de Manau,   } fecond & tiers Prefidents en ladite Cour.
& de Marigné,

Monfieur Tureaut, Confeiller au Confeil privé du Roy.

Du Mercredy dix-neufiéme Octobre 1605. à Saint Brieu.

ET environ les trois heures de l'aprés midy, font entrez en ladite Affemblée, Meffieurs les Commiffaires du Roy, Sçavoir;

Monfieur le Comte de Briffac, Marefchal de France, Lieutenant General pour le Roy au Gouvernement de Bretagne, affis en une chaire élevée fur une petite plate-forme fous le dais.

Monfieur de Sourdeac Chevalier des Ordres du Roy, Lieutenant pour Sa Majefté au Gouvernement de la baffe Bretagne, affis en une chaire au costé gauche dudit fieur Marefchal, & en fon afpect hors de ladite plate-forme & dais.

Monfieur de Boiffife, Confeiller du Roy en fon Confeil d'Eftat & Privé, Commiffaire Extraordinaire, affis à une chaire à costé dudit fieur de Sourdeac.

Monfieur de Cucé, Confeiller du Roy en fefdits Confeils d'Eftat & Privé, & premier Prefident en la Cour de Parlement de Bretagne, affis en une chaire au costé droit dudit fieur Marefchal, & en fon afpect hors ladite plate-forme & dais.

Monfieur de Marigné, & de Challain auffi Confeillers du Roy en fefdits Confeils, fecond & tiers Prefidents en ladite Cour de Parlement de ce Pays.

Monfieur de la Guerande, premier Prefident en la Chambre des Comptes de ce Pays.

Du vingt-uniéme Septembre 1609. à Nantes.

ET environ les unze à douze heures du matin, font entrez en ladite Affemblée, mefdits Sieurs les Commiffaires du Roy, Sçavoir;

Monfeigneur le Duc de Vendofme, Pair de France, Gouverneur & Lieutenant General pour le Roy en ce Pays, affis en une chaire élevée fur une plate-forme & fous un dais.

Monfeigneur le Duc de Montbafon, Pair & Grand Veneur de France, Lieutenant General pour Sa Majefté, és Ville, Comté & Evefché de Nantes, afsis en une chaire à costé feneftre dudit Seigneur Duc de Vandofme, hors ladite plate-forme.

B

Monfieur de Sourdeac, Chevalier des Ordres du Roy, Lieutenant pour Sa Majefté en la baffe Bretagne, affis en une chaire au deffous dud. Seigneur Duc de Montbafon, hors ladite plate-forme & dais.

Monfieur de Cucé, Confeiller du Roy en fes Confeils d'Eftat & Privé, premier Prefident de Bretagne, afsis en une chaire à cofté dextre dudit Seigneur Duc de Vendofme hors ladite plate-forme & dais.

Monfieur Foucquet, auffi Confeiller du Roy en fes Confeils d'Eftat & Privé, fecond Prefident de Bretagne.

Monfieur de la Guerrande, aufsi Confeiller du Roy en fes Confeils d'Eftat & Privé, premier Prefident en la Chambre des Comptes de ce Pays.

Du vingt-feptiéme Septembre 1610. à Vannes.

ET environ les dix heures du matin, feroient entrez en ladite Affemblée, mefdits fieurs les Commiffaires du Roy, Sçavoir;

Monfieur le Duc de Vendofme, Pair de France, Gouverneur & Lieutenant General pour Sa Majefté en cedit Pays & Duché de Bretagne, affis en une chaire élevée fur une plate-forme, & fous un dais.

Monfieur le Comte de Briffac, Marefchal de France, Lieutenant General pour Sa Majefté au Gouvernement dudit pays & Duché, afsis en une chaire auffi y élevée fur une plate-forme au cofté feneftre dudit Seigneur Duc, & au mefme afpect.

Monfieur le Comte de Vertus, Baron d'Avaugour, Confeiller du Roy en fes Confeils d'Eftat & Privé, Gouverneur pour Sa Majefté de la Ville de Rennes, & fon Lieutenant des Evefchez dudit Rennes, Vannes, Saint Malo & Dol, affis en une chaire au deffous dudit Seigneur Marefchal.

Monfieur de Cucé, Confeiller du Roy en fon Confeil d'Eftat & Privé, premier Prefident en fa Cour de Parlement dudit Pays, affis en une chaire au deffous, & du cofté droit dudit Seigneur Duc.

Monfieur de Brie auffi Confeiller du Roy en fes Confeils, Prefident en fadite Cour de Parlement.

Monfieur de la Guerrande, Confeiller du Roy en fefdits Confeils, premier Prefident en fa Chambre des Comptes dudit Pays.

Monfieur des Rouxierra, auffi Confeiller du Roy en fefdits Confeils, & fon Procureur General audit Pays.

Du Vendredy vingt-troifiéme jour de Decembre 1611. à Rennes.

ET environ les neuf heures du matin feront entrez en ladite Affemblée, mefdits fieurs les Commiffaires du Roy, fçavoir;

Monfeigneur le Duc de Vendofme, Pair de France, Gouverneur & Lieutenant General pour le Roy en fes Pays & Duché de Bretagne, qui fe feroit affis en une chaire fur une plate-forme fous un dais.

7

Monseigneur le Comte de Brissac, Mareschal de France, Lieutenant General pour le Roy en cedit pays de Bretagne, assis en une chaire élevée sur une petite plate-forme, hors le dais, & au costé dextre de mondit Seigneur le Duc de Vendosme, à mesme aspect.

Monseigneur le Duc de Montbason, Pair & Grand Veneur de France, Lieutenant General pour le Roy és Ville, Comté & Evesché de Nantes, assis en une chaire à costé senestre dudit Seigneur Duc de Vendosme, hors ladite plate-forme, & à mesme aspect.

Monsieur le Comte de Vertus, Baron d'Avaugour, Conseiller du Roy en ses Conseils d'Estat & Privé, Gouverneur pour Sa Majesté de la Ville de Rennes, & son Lieutenant és Eveschez dudit Rennes, Vannes, Saint Malo & Dol, assis en une chaire au dessous dudit Seigneur Duc de Montbason.

Monsieur de Cucé, Conseiller du Roy en ses Conseils d'Estat & Privé, premier President en la Cour de Parlement de ce pays, assis en une chaire.

Monsieur de la Guerrande, Conseiller du Roy en sesdits Conseils, premier President en la Chambre des Comptes de cedit pays.

Monsieur de Roissy, Conseiller du Roy en sesdits Conseils d'Estat & Privé, Maistre des Requestes ordinaire de son Hostel.

Monsieur des Rouxierra, aussi Conseiller en sesdits Conseils, & son Procureur General audit pays.

Du Lundy quinziéme Octobre 1612. à Redon.

ET tost aprés mesdits sieurs les Commissaires du Roy, sont entrez en ladite Assemblée, Sçavoir;

Monseigneur le Comte de Brissac, Mareschal de France, Lieutenant General pour le Roy au Gouvernement de ce pays & Duché de Bretagne, assis en une chaire élevée sur une plate-forme, & sous un dais.

Et à costé dextre de mondit Seigneur le Mareschal,

Messire Jean de Bourgneuf, sieur de Cucé, Conseiller du Roy en ses Conseils d'Estat & Privé, premier President en son Parlement de Bretagne, assis en une chaire hors le dais, ayant l'aspect vers Messieurs de la Noblesse.

Et à un banc au dessous estoient,

Messire Christophle Foucquet, sieur de Challin Conseiller du Roy en ses Conseils d'Estat & Privé, second President audit Parlement.

Messire Isaac Loisel, sieur de Brie, pareillement Conseiller du Roy en sesdits Conseils, quatriéme president audit parlement.

Messire Claude de Marbœuf, sieur de la Piltiere, Conseiller du Roy en sesdits Conseils, & son procureur General audit parlement.

Messire Jean Cornallier Grand Maistre des Eaux & Forests de France au departement de Bretagne.

Et ayans tous l'aſpect vers meſdits ſieurs de la Nobleſſe.

Et au coſté ſeneſtre de mondit Seigneur le Mareſchal de Briſſac, eſtoient,

Monſieur le Comte de Vertus, Gouverneur de la Ville de Rennes, Lieutenant Particulier pour ſa Majeſté, au Gouvernement de l'Eveſché dudit lieu, des Eveſchez de Dol, S. Malo, & Vannes, aſſis en une chaire hors le dais, ayant l'aſpect vers Meſſieurs de l'Egliſe.

Et à un banc au deſſous, & à meſme aſpect eſtoient.

Meſſire Auffray de Leſcouës ſieur de la Guerrande, Conſeiller du Roy en ſeſdits Conſeils d'Eſtat & Privé, premier preſident en la Chambre des Comptes de Bretagne.

Maiſtre Claude Cormellier ſieur de la Touche, Conſeiller du Roy, Treſorier de France, & General des Finances audit pays.

Maiſtre Baltazar Chahu, auſſi Conſeiller du Roy, Treſorier de France, & general de ſes Finances audit pays.

Maiſtre   Bidé, Conſeiller du Roy, Controlleur general de ſes Finances audit pays.

Du vingt-ſixiéme Octobre 1617. à Rennes.

ET leſdits ſieurs deputez retournez en ladite aſſemblée, environ les trois heures apres midy dudit jour, ſeroient entrez en ladite aſſemblée, Meſſieurs les Commiſſaires du Roy, ſçavoir,

Monſeigneur le Duc de Vendoſme, de Beaufort & Deſtampes, Pair de France, Gouverneur & Lieutenant General pour Sa Majeſté en ce Pays & Duché de Bretagne, qui ſe ſeroit aſſis en une chaire, élevée ſur une platte-forme ſous un dais.

Monſeigneur le Comte de Briſſac, Mareſchal de France, Lieutenant General pour le Roy, au Gouvernement de cedit pays & Duché, qui ſe ſeroit auſſi aſſis en une chaire eſlevée ſur une petite platteforme, au coſté dextre, & au meſme aſpect de mondit Seigneur le Duc de Vendoſme.

Et au deſſous de mondit Seigneur le Mareſchal, ſe ſeroit aſſis en une chaire,

Monſieur de Cucé, Conſeiller du Roy en ſes Conſeils d'Eſtat & Privé, premier Preſident au Parlement de Bretagne, ayant l'aſpect vers Meſſieurs de la Nobleſſe, & un banc plus bas ſe ſeroient aſſis.

Monſieur Foucquet ſecond Preſident.

Monſieur de la Haultaye Tiers Preſident.

Monſieur de Brie Quart Preſident audit Parlement.

Monſieur de la Guerrande premier Preſident de la Chambre des Comptes.

Monſeigneur le Duc Montbazon, Pair & Grand Veneur de France, Capitaine & Gouverneur des Ville & Citadelle d'Amiens, & Lieutenant General pour le Roy de Picardie, & des Ville, Château, Comté & Eveſché de Nantes, qui ſe ſeroit aſſis en une chaire

élevée

élevée fur une petite platte-forme, au cofté feneftre, & au mefme
afpect de mondit Seigneur le Duc de Vendofme.

Et au deffous de mondit Seigneur le Duc de Montbazon.

Monfieur le Comte de Vertus, Confeiller du Roy en fon Confeil d'Eftat, Capitaine & Gouverneur de la Ville de Rennes, & Lieutenant au Gouvernement des Evéchez dudit lieu, Vennes, Dol & S. Malo,
fe feroit affis en une chaire, ayant l'afpect vers Meffieurs de l'Eglife.

Monfieur de Champigny, Confeiller du Roy en fes Confeils d'Eftat
& Privé, & fe feroit auffi affis en une chaire au mefme afpect.

Monfieur de Bailleul, Maiftre des Requeftes ordinaire de l'Hoftel
du Roy, qui fe feroit Pareillement affis en une chaire.

Monfieur de Marbeuf, Confeiller du Roy en fefdits Confeils, & fon
Procureur General au Parlement de Bretagne.

Monfieur de Leffongeres, Procureur General du Roy en fa Chambre des Comptes dudit pays.

Du vingt-deuxiéme Octobre 1618. à Nantes.

ET environ les quatre heures aprés midy dudit jour font entrez
en ladite affemblée, mefdits fieurs les Commiffaires du Roy,
fçavoir,

Monfeigneur le Duc de Vendofme, Gouverneur & Lieutenant
General pour le Roy en Bretagne, & s'eft affis en une chaire eflevée
fur une grande platte-forme fous un dais, ayant l'afpect vers le bas
de la Salle.

Monfeigneur le Duc de Montbazon, Pair & Grand Receveur de
France, Capitaine & Gouverneur pour le Roy des Ville & Chafteau
de Nantes, & Lieutenant General au Gouvernement de l'Evefché
& Comté dudit lieu, & s'eft affis en une chaire élevée fur une plus
baffe platte-forme, au cofté dextre de mondit Seigneur de Vendofme, & au mefme afpect.

Et du mefme cofté s'eft affis en une chaire non élevée.

Monfieur de Cucé premier Prefident en la Cour de Parlement de
ce pays, ayant l'afpect vers l'Ordre de Meffieurs de la Nobleffe.

Et au deffous du mefme cofté fe font affis fur des bancs.

MESSIEURS,

De Brie fecond Prefident.

De Netamiers troifiéme Prefident.

De Villeneufve quatriéme Prefident.

De Chalin, Procureur General du Roy, en la Cour de Parlement
de ce pays.

De Luziniere grand Maiftre Enquefteur & general Reformateur
des Eaux & Forefts de Bretagne.

Et au cofté feneftre de mondit Seigneur de Vendofme fe font
affis,

Monfieur le Comte de Vertus, Confeiller du Roy en fes Confeils d'Estat & Privé, Capitaine & Gouverneur de la Ville de Rennes, & Lieutenant au Gouvernement des Evefchez dudit lieu, Vannes, Dol & Saint Malo, en une chaire non élevée vis à vis de mondit fieur de Cucé, ayant l'afpect vers les ordres de Meffieurs de l'Eglife & du tiers.

Monfieur Ribier, Confeiller du Roy en fon Confeil d'Eftat, en une chaire auffi non eflevée, ayant mefme afpect que mondit fieur le Comte de Vertus.

Et fur des bancs preparez au deffous.

MESSIEVRS,

De la Guerrande, premier Prefident en la Chambre des Comptes de ce pays.

De la Porte fecond Prefident en ladite Chambre.

De la Touche & ⎱ Threforiers de France, Generaux des Finances
Du Bochet.   ⎰ en ce pays.

De Leffongere Procureur General du Roy, en ladite Chambre.

Sain & ⎱ Receveurs & Controlleurs Generaux des Finances dudit
Bidé. ⎰ pays.

Du vingt-huitiéme Novembre 1623. à Nantes.

ET environ les trois heures de l'apres midy, font entrez en ladite affemblée Meffieurs les Commiffaires du Roy, fçavoir,

Monfeigneur le Duc de Vendofme, Gouverneur & Lieutenant General pour le Roy en cette Province, qui a pris place en une chaire élevée fur une platte-forme, fous un dais, couverte d'un tapis de velours violet & blanc mi-party de fleurs de Lys & d'hermines, ayant l'afpect vers le bas de la Salle.

Monfieur le Prince de Guemené, Lieutenant General de fadite Majefté, au Gouvernement des Ville, Comté & Evefché de Nantes, affis en une chaire, élevée fur une petite platte-forme hors le dais, au cofté droit, & au mefme afpect de mondit Seigneur le Gouverneur.

Et du mefme cofté eftoit affis en une chaire Monfieur de Cucé, premier Prefident en la Cour de Parlement de cette Province, ayant l'afpect vers Meffieurs de la Nobleffe.

Et au deffous de luy fur un banc couvert de tapis verd, eftoient affis Meffieurs Rogier, troifiefme Prefident audit Parlement, & de Challain, Procureur General en iceluy.

Et au cofté feneftre de mondit Seigneur de Vendofme, eftoit affis en une chaire de Monfieur le Comte de Vertus, Confeiller du Roy en fon Confeil d'Eftat, Capitaine & Gouverneur de la Ville de Rennes, & Lieutenant au Gouvernement des Evefchez dudit Rennes, Dol, Vannes & Saint Malo, ayant l'afpect vers Meffieurs de l'Eglife & du tiers.

Et au deffous de luy eftoit affis en une chaire à mefme afpect

Monſieur de la Rochehabert, Conſeiller du Roy en ſes Conſeils d'Eſtat.

Et ſur un banc au deſſous de luy eſtoient aſſis Meſſieurs de la Galiſſonniere, premier Preſident en la Chambre des Comptes de ce Pays, de Leſſongere, Conſeiller du Roy en ſon Conſeil d'Eſtat, de Luſſiniere Grand Maiſtre Enqueſteur, & general Reformateur des Eaux & Foreſts de cette Province, de la Vervade & Bonvenus, Receveurs & Controlleurs Generaux des Finances en ce Pays.

Du Mercredy cinquiéme Ianvier 1628. à Nantes.

ET environ les unze heures du matin, ſeroient entrez en ladite Aſſemblée, Meſſieurs les Commiſſaires du Roy, ſçavoir;

Monſeigneur le Duc de Montbazon, Pair & Grand Veneur de France, Lieutenant General pour le Roy au Gouvernement des Ville, Chaſteau, Comté & Eveſché de Nantes, qui auroit pris place en une chaire élevée ſous un dais couvert d'un tapis de velours, mi-partie violet & blanc, ſemé de fleurs de lys & d'hermines, ayant l'aſpect vers le bas de la Salle.

Et à ſon coſté droit Monſieur le Comte de Vertus Capitaine & Gouverneur de la Ville de Rennes, & Lieutenant pour le Roy au Gouvernement des Eveſchez dudit Rennes, Vannes, Dol & S. Malo, aſſis ſur une chaire ſur une petite plate-forme à meſme aſpect hors le dais.

Et à coſté droit de mondit ſieur de Montbazon, hors le dais eſtoit aſſis en une chaire Monſieur de Briquigny, troiſiéme Preſident en la Cour de Parlement, l'aſpect ayant vers Meſſieurs de la Nobleſſe.

A coſté gauche de mondit ſieur de Montbazon, Monſieur de Lehon, Conſeiller du Roy en ſes Conſeils d'Eſtat & Privé, Commiſſaire de Sa Majeſté, aſſis en une chaire, l'aſpect ayant vers Meſſieurs de l'Egliſe & du Tiers, au deſſous duquel eſtoient aſſis ſur un banc, couvert d'un tapis vert, Meſſieurs de Montifray, Conſeiller du Roy en ſon Conſeil d'Eſtat, & Preſident aux Comptes de cette Province, de la Touche & du Boſchet, Conſeillers de Sa Majeſté, Treſoriers de France, & Generaux de ſes Finances en cettedite Province; de Luſſiniere, Grand Maiſtre Enqueſteur, & General Reformateur des Eaux & Foreſts dudit Pays, de la Vernade, Receveur general, & Jolly, Controlleur general des Finances en Bretagne.

Et au devant de ladite plate-forme, ſur laquelle eſtoit aſſis mondit ſieur de Montbazon, eſtoit aſſis Monſieur de Harouis, Conſeiller du Roy en ſes Conſeils d'Eſtat & Privé, premier Preſident en ſa Chambre des Comptes de ce Pays, en une Chaire ayant l'aſpect vers mondit ſieur de Montbazon, du coſté de Meſsieurs de l'Egliſe & du tiers, & à ſon coſté vers Meſsieurs de la Nobleſſe, eſtoit auſſi en une chaire & à meſme aſpect, Monſieur du Chaſtelet, Conſeiller du Roy en son Conseil d'Estat , & Maistre des Requestes de son Hostel.

Du vingtiéme Iuin 1659. à Saint Brieux.

ET environ les unze heures du matin, sont entrez en ladite Assemblée, Sçavoir ;

Mondit Seigneur le Mareschal de la Meilleraye, qui a pris place en une chaire élevée sur une plate-forme de trois marches, couverte d'un tapy de velours miparty violet & blanc, semé de fleurs de lys & d'hermines, sous un dais, de mesme ayant l'aspect vers le bas de la Salle.

Et au costé senestre de mondit Seigneur le Mareschal, joignant la plate-forme, estoit assis en une chaire, Monsieur le Marquis de Coetlogon, Conseiller du Roy en son Conseil d'Estat, Gouverneur de la Ville de Rennes, son Lieutenant au Gouvernement des Eveschez dudit Rennes, Dol, Saint Malo, & Vannes, ayant l'aspect vers Messieurs de l'Eglise & du tiers.

Et à costé droit de mondit Seigneur de la Meilleraye estoit, Monsieur le President de Bretigny, assis dans une chaire hors le dais, ayans l'aspect vers Messieurs de la Noblesse.

Délivré par moy sous-signé Greffier des Estats de Bretagne, DE RACINOVX.

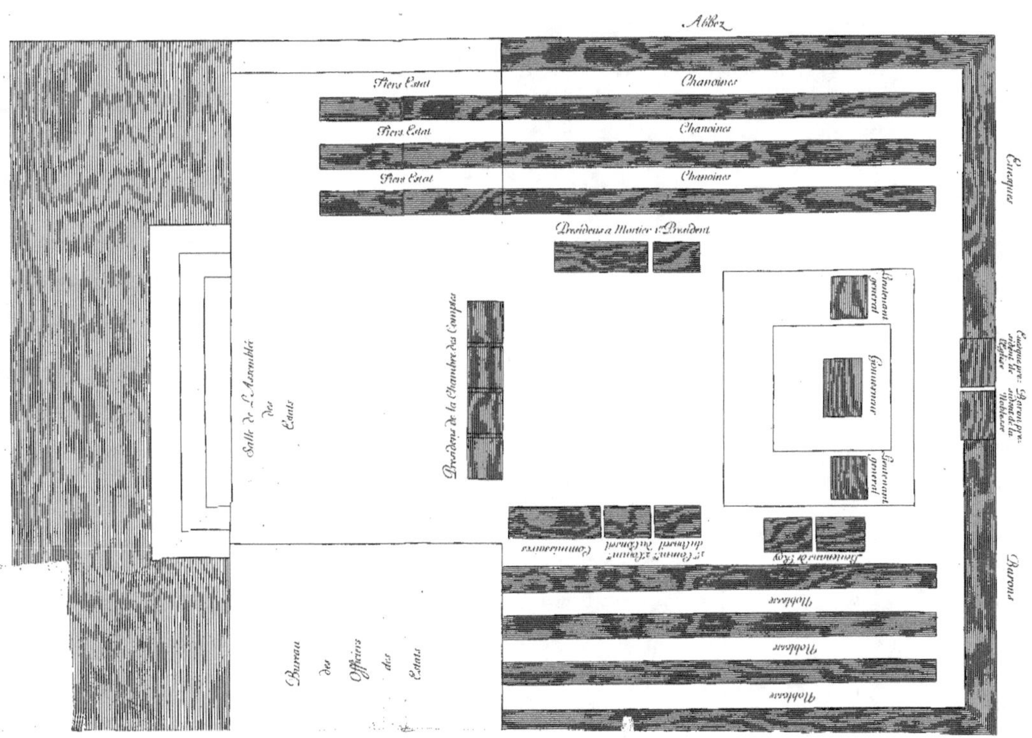
Abbez
Tiers Estat
Chanoines
Tiers Estat
Chanoines
Tiers Estat
Chanoines
Presidens a Mortier et President
Salle de l'Assemblée des Estats
Presidens de la Chambre des Comptes
Lieutenant general
Gouverneur
Lieutenant general
Commissaires
1.er Commis. d'Estat du Conseil du Conseil d'Estat
Lieutenans du Roy
Noblesse
Noblesse
Noblesse
Bureau des Officiers des Estats
Evesques
Chacque gre: Baron pre: sident la abbet la Noblesse l'Eglise
Barons

www.ingramcontent.com/pod-product-compliance
Lightning Source LLC
Chambersburg PA
CBHW070824160726
PP18578800001B/20